Monika Fischer

WEIHNACHTLICHER NATURSCHMUCK

Brunnen-Reihe 247

Christophorus-Verlag Freiburg

Einleitung

Zu keiner Jahreszeit haben wir so sehr das Bedürfnis, unsere Wohnung festlich zu schmücken, wie zu der Advents- und Weihnachtszeit. Wir möchten uns wohlfühlen daheim und die langen Abende richtig genießen. Was trägt denn mehr dazu bei, als gemeinsam im Kreis der Familie weihnachtlichen Raumschmuck zu gestalten?
Mit diesem Büchlein möchte ich Ihnen Anregungen und Tips geben, wie Sie mit geringen finanziellen Mitteln geschmackvolle Advents- und Weihnachtsdekorationen selbst herstellen können. Das Material ist nicht teuer und leicht zu beschaffen. Bastelfachgeschäfte haben für diese Zeit des Jahres ein reiches und immer wieder neues Angebot. Dort berät man Sie auch gern, besonders bei der Durchführung eigener ausgefallener Ideen. Anderes Material kann das ganze Jahr über in der Natur selbst gesammelt werden, wie z. B. Wurzeln (siehe Abbildung Seite 11).
Ihnen wünsche ich viel Freude beim Nacharbeiten, aber ganz besonders viele neue Ideen und eine kreative Weihnachtszeit.

Die wichtigsten Hilfsmittel auf einen Blick
(Abb. Seite 3, oben)

Hartschaumkegel, Hartschaumringe, Hartschaumkugeln und Hartschaumziegel sind nicht mehr wegzudenkende Hilfsmittel für die Floristik. Hartschaum ist ein poröses Kunststoffmaterial, welches sich sehr leicht bestecken läßt und selbst schwereren Dekorationen festen Halt bietet.

Knetband ist ein neues, stark klebendes Befestigungsmaterial. Wenn es vor Gebrauch ein wenig geknetet wird, kann die Klebewirkung noch erhöht werden. Knetband ist besonders für kleinere Arbeiten geeignet. Ebenso läßt es sich auch sehr gut zur Kerzenbefestigung verwenden.

Die Heißklebepistole ist ein Universal-Werkzeug. Sämtliche Arbeiten können in kürzester Zeit mit Hilfe einer Klebepistole befestigt werden. Bereits ein kleiner Tropfen Heißkleber hält die verschiedenen Materialien fest zusammen.
Vorsicht! Nicht in Kinderhand geben! Bei unsachgemäßer Handhabung kann es leicht zu Verbrennungen kommen.
Vorteil: Rasches Arbeiten, der spezielle

Heißkleber kann auch auf Styropor® verwendet werden, ohne daß das Material angegriffen wird.

Nachteil: Durch die hohe und schnelle Klebekraft ist ein Korrigieren der Arbeit nur schwer möglich.

Weitere Hilfsmittel (Abb. Seite 3, Mitte und unten links):

Steckdraht, 2 mm ∅, wird zum Andrahten der Kerzen verwendet.

Drahtringe dienen zur Unterlage für Kränze.

Floristenband ist ein Kautschukband mit klebender Wirkung, es wird zum Umwickeln der Stiele verwendet.

Wickeldraht wird zum Andrahten von Zapfen, Nüssen usw. verwendet.

Rosendraht, Myrtendraht zum Binden von Kränzen, ebenso zum Binden von kleinen Sträußchen.

Schere, Seitenschneider, Küchenmesser werden zum Schneiden von Tannengrün verwendet.

Fortsetzung Seite 10

Holzstern, dekoriert mit Päckchen
Abb. Seite 5
Vielleicht suchen Sie nach einer netten Verpackung für ein Geldgeschenk. Sicher wird Ihnen dieser Vorschlag gefallen.

Material: 1 Holzstern, 1 m Geschenkband, 2 leere Streichholzschachteln, Geschenkpapier, Knetband, UHU extra.
Tannengrün, Goldnüsse.

Anleitung: Drücken Sie das Knetband in eine Ecke des Sterns. Entfernen Sie am unteren Ende der Tannenzweige die Nadeln, und stecken Sie sie in die Knete fest ein. Dekorieren Sie beliebig mit angedrahteten Nüssen und Band. Die Streichholzschachteln füllen Sie mit einem kleinen Geschenk, verpacken sie hübsch und kleben sie mit UHU extra fest.

Leuchter auf einer Baumwurzel
Abb. Seite 7

Material: 4 Kerzen, Rosendraht, 1,5 m Rupfenband, 1 m braunes Samtband, Knetband.
1 Wurzel, Tannengrün.

Anleitung: Eine Baumwurzel ist Ausgangspunkt für diesen ansprechenden und preiswerten Adventsschmuck! Vielleicht finden Sie in Weinbergen einen knorrigen, alten Rebstock. Für die Kerzenbefestigung auf einer Wurzel nimmt man am besten Knetband. Um jede Kerze wird ein Wulst Knetband gelegt und verstrichen, so daß auch der untere Teil der Kerzen ganz mit Knet bedeckt ist. Die Kerzen können nun fest auf die gewünschte Stelle der Wurzel gedrückt werden; durch das stark haftende Knetband haben sie einen sicheren Halt. Den unteren Teil der Kerze sollte man mit etwas Tannengrün abdecken, damit man das Knetband nicht mehr sieht. Die Bänder werden zur Schleife gelegt und mit Wickeldraht am oberen Ende der Wurzel festgebunden.

Holzstern, festlich geschmückt
Abb. Seite 7
Dieser Stern ist nicht sehr kostenaufwendig, schnell herzustellen und als kleines Mitbringsel in der Weihnachtszeit sicher willkommen.

Material: 1 Holzstern, 1 m Goldband, ca. 1 cm breit, 1 m weißes Satinband, 1 m Perlschnur, Knetband, Rosendraht.
Etwas Zypressengrün.

Anleitung: Knetband an einem Zacken des Sterns festdrücken, Zypressenzweig in die Knetmasse stecken, mit den Bändern und der Perlschnur jeweils eine Schleife binden und an dem Holzstern befestigen.

Duftiges Bäumchen Abb. Seite 9
Solch ein kleines, auf Weihnachten hergerichtetes Bäumchen hebt auf seine eigenwillige Weise die Stimmung – schon beim Anfertigen.

Material: 1 weißer Übertopf, 1 Steckziegel, 1 Hartschaumkugel, 10 cm ∅, 4 m weißes Band, kleine Glaskugeln, 1 cm ∅, Rosendraht.
1 Ast, Tannengrün.

Anleitung: Schneiden Sie ein Stück Hartschaumziegel auf Größe des Topfes zu und drücken es fest in den Topf hinein. Anschließend stecken Sie den Stamm hinein. Oben auf den Stamm setzen Sie die Hartschaumkugel. Die kurzgeschnittenen Tannenzweige werden rundum in diese Kugel gesteckt. Anschließend dekorieren Sie mit kleinen, angedrahteten Schleifchen und Glaskugeln das Bäumchen nach persönlichem Geschmack.

Biedermeier-Sträußchen Abb. Seite 9
Warum sollte ein Biedermeier-Sträußchen in dieser Zeit nicht auch weihnachtlich hergerichtet sein? Es überrascht, wenn man es bei einem Besuch überreicht.

Material (für ein Sträußchen): 1 Manschette, ca. 12 cm ∅, Dekorations-Material nach Wunsch, 2 m Schleifenband, Rosendraht, braunes Floristenband.
Tannengrün.

Anleitung: Tannengrün binden Sie zu einem kleinen Sträußchen. Dann schneidet man Schleifenband in ca. 40 cm lange Stücke und drahtet diese nach der Anleitung auf Seite 16 an. Schleifen und Äpfel oder Glaskugeln werden von oben in das Sträußchen gesteckt, die Manschette über die Stiele gestülpt und zum Schluß die Stiele mit Floristenband umwickelt.
Wer möchte, kann noch einen Hauch Goldspray aufsprühen.

Die wichtigsten Dekorationsmittel
(Abb. Seite 3, rechts unten)
Die meisten der hier vorgestellten Materialien erhalten Sie in Ihrem Bastelgeschäft, wo man Sie auch fachkundig berät.

Kerzen sind ein bestimmendes Element in der Advents- und Weihnachtsfloristik. Ein immenses Angebot an Farben und Formen macht es leicht, das Richtige zu finden.

Bänder sind ein sehr wichtiges Dekorationsmittel, man sollte nicht zu sparsam damit umgehen. Je nach Art des Bandes kann eine duftige oder rustikale Wirkung erzielt werden.

Perlschnur, ein neues Material, das sich vorzüglich zum Verzieren von Weihnachtsgestecken eignet. Es wird wie die herkömmlichen Bänder zur Schleife gelegt und mit Rosendraht gebunden (s. Seite 16).

Verschiedene Sprays: Gold-, Silber- und Schneespray.

Weitere Dekorationsmittel sind Kugeln, Glöckchen und Sterne. Dies und vieles mehr finden Sie in gut sortierten Bastelgeschäften. Dort wird man Sie auch gerne bei der Auswahl beraten.

Tannengrün: Hier kann man einen großen Wandel feststellen. Früher wurde hauptsächlich mit Weiß- und Blautanne gearbeitet. Heute arbeitet man aus Gründen der Haltbarkeit vornehmlich mit Taxus, Zeder, Zypresse.
In diesem Büchlein habe ich bei den einzelnen Arbeiten auf die Bezeichnung des jeweils verwendeten Grünmaterials teilweise verzichtet, damit sich jeder nach persönlichem Geschmack entscheiden kann, was er verwenden möchte. Tannengrün ist in Baumschulen günstig zu bekommen.

Fortsetzung Seite 16

Wurzelgesteck Abb. Seite 11

Material: 3 Kerzen, 3 Nägel, Knetband, Heißklebepistole.

1 Wurzel, Tannengrün, Nüsse, Sterne aus Salzteig, selbst angefertigt oder fertig gekauft (Hobby-Fachgeschäft).

Anleitung: An der Stelle, wo Sie die Kerzen aufsetzen wollen, schlagen Sie einen Nagel von unten durch die Wurzel. Den Nagel erhitzen Sie mit einem Feuerzeug. Die Kerze setzen Sie dann vorsichtig auf den heißen Nagel, so haben die Kerzen einen sehr guten Halt. Aus dem Knetband formen Sie kleine Kugeln und drücken sie zwischen die Kerzen auf die Wurzel, ein paar Zweige Zypressengrün stecken Sie als Dekoration in die Knetkugeln. Salzteigsterne und Nüsse werden dekorativ angeordnet und mit UHU-Heißkleber angeklebt.

Tip: Wurzeln findet man nicht nur im Wald. Sehr schöne Stücke, von Rinde befreit und blankgewaschen, liegen oft an Flußufern. Manchmal sind sie morsch und voller Ungeziefer. Man sollte sie deshalb mit Seifenwasser und Bürste abwaschen und gut trocknen. Danach kann man sie mit farbloser Holzlasur streichen und eventuell mit mattem Klarlack besprühen.

Gesteck mit gelben Kerzen Abb. Seite 13

Material: 1 Fliese, 2 Kerzen, 4 kleine Glaskugeln, Hartschaumziegel, UHU Heißklebepatrone.
6 gelbe, getrocknete Rosen, 2 Baumpilze, verschiedenes Tannengrün.

Anleitung: Kleben Sie auf eine Ecke der Fliese ein Stück Hartschaum. Die mit Steckdraht vorbereiteten Kerzen (siehe Seite 16) drücken Sie in die Hartschaummasse und stecken Tannengrün nach Belieben fest. Hinter den Kerzen verwenden Sie große Zweige, nach vorne arbeiten Sie mit kleineren Zweigen. Rosen, Pilze und Glaskugeln können nach Wunsch angeordnet werden. Ein mit Schneespray besprühter Zweig lockert das Gesteck etwas auf.

Kreation in Silber und Blau
Abb. 1. Umschlagseite

Dieses Gesteck kommt in modernen Wohnungen sicher sehr gut zur Geltung. Es ist denkbar einfach und in kürzester Zeit fertiggestellt.

Material: 4 Kerzen, 6 Stern-Ausstechformen, Knetband, UHU Heißklebepatronen. 1 Stück Holz, ca. 40 cm lang, 2 Blätter, 1 Zweig Zypresse, etwas Edelweißflechte.

Anleitung: Am unteren Teil der Blätter tragen Sie Heißkleber auf und setzen diese sofort auf die hintere Kante des Holzes. Den Standplatz der Kerzen belegen Sie erst mit Knetband und drücken die Kerzen fest darauf. Edelweißflechte, Zypressenzweige und den weiß besprühten Ast stecken Sie nach eigener Phantasie oder wie auf der Abbildung zu sehen.
Die silberfarbenen Ausstechformen lockern das Gesteck etwas auf.

Tischgesteck mit 4 Kerzen Abb. Seite 15

Material: 1 Steckziegel, 4 Kerzen, 2 m Goldband, 2 Pinnholder, Knetband.
Tannengrün, Nüsse, Zapfen, 1 flaches Holzstück.

Anleitung: Kleben Sie ca. 1 cm Knetband unten auf die Pinnholder, und setzen Sie es anschließend auf das Holzstück. Darauf wird der Steckziegel gesetzt. Als erstes werden die angedrahteten Kerzen eingesteckt. Das Tannengrün wird am unteren Ende entnadelt und nach Belieben in den Steckschwamm gesteckt. Drahten Sie die Dekorationsteile an und schmücken das Gesteck hübsch aus.
Tip: Durch schwerere Tannenzweige könnte der Steckziegel auseinanderbrechen. Zwei Längsleisten, befestigt auf der Holzunterlage, verhindern das. Vorher unter die Unterlage geklebte Alufolie oder Filz(streifen) schützen die Tischplatte vor Kratzern.

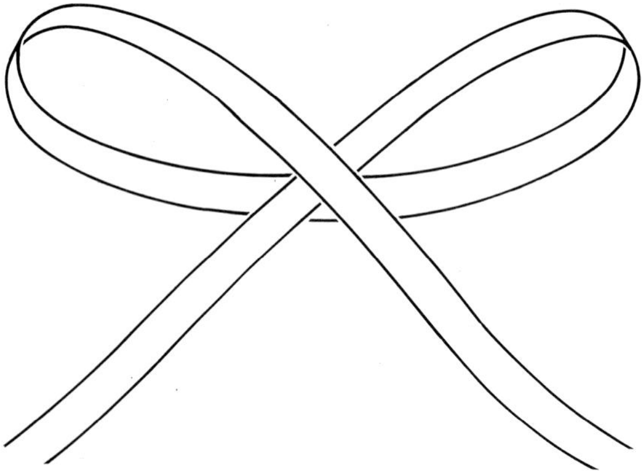

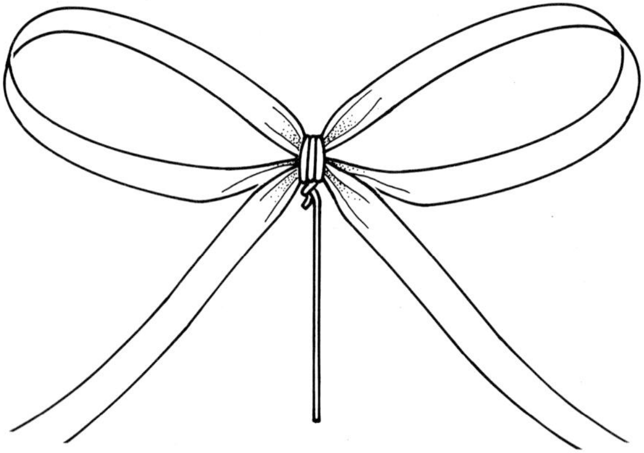

So wird's gemacht!

Schleifen legen: Man legt mit dem Band eine Acht, vom Finger nehmen und in der Mitte der Acht mit Rosendraht festbinden (s. Skizze).

Kerzenbefestigung: Am besten stellt man eine brennende Kerze auf einen Teller. Nun schneiden Sie vom Steckdraht ein ca. 7 cm langes Stück ab. Ein Ende des Drahtes wird in die Kerzenflamme gehalten. Das warme Drahtende wird nun in die Kerze geschoben, ca. 2 bis 3 cm vom Draht sollten noch unten aus der Kerze herausschauen. Je nach Stärke der Kerzen werden bis zu vier Steckdrähte benötigt. Die so vorbereiteten Kerzen werden hauptsächlich für größere Gestecke benötigt. Man setzt die Kerzen entweder in ein Stück Hartschaum oder in einen feuchten Naturmoosballen.

Modernes Adventsgesteck mit kleinen Überraschungspäckchen Abb. Seite 17

Material: 4 Kerzen, Hartschaumziegel, Steckdraht, UHU Heißklebepatrone.
1 Holzleiste, verschiedene Sorten Tannengrün, 12 getrocknete Rosen.

Anleitung: Kleben Sie zwei Stücke vom Hartschaumziegel als Steckbasis auf die Holzleiste. Mit der Heißklebepistole geht dies sehr schnell und hält sehr gut. Versehen Sie die Kerzen mit Steckdraht, wie auf dieser Seite in der linken Spalte beschrieben, und drücken Sie sie in die Hartschaumziegelstücke. Das Tannengrün entnadeln Sie unten und ordnen es nach Geschmack an. Zum Schluß schmücken Sie es mit den getrockneten Rosen aus. Leere Streichholzschachteln, hübsch verpackt, geben dem Gesteck den letzten Pfiff.

Kleine Holzkränzchen Abb. Seite 19
Diese Holzkränzchen werden sicher auch gern von Kindern gebastelt, da sie leicht anzufertigen sind.

Material: Holzringe, 7 cm ∅, 4 Puppenlichter, dünne Bänder für Schleifen und zum Umwickeln, Knetband, Rosendraht, grüne Plakatfarbe Tamma von Marabu.

Anleitung: Den Holzring bestreichen Sie mit grüner Plakatfarbe Tamma; nach dem Trocknen drücken Sie die am unteren Ende mit Knetband umwickelten Kerzen auf den Holzring. Befestigen Sie die Schleifen unten bei den Kerzen oder umwickeln den Holzring. Decken Sie das Knetband mit Edelweißflechte ab.
Diese kleinen Adventskränzchen sind liebevolle Mitbringsel in der Adventszeit, ebenso können sie als hübsche Tischdekoration für Weihnachtsfeiern dienen. Es wäre vielleicht auch einmal eine Idee, so ein kleines Adventskränzchen bei einem Besuch in ein Krankenhaus oder Altenheim mitzubringen als kleinen Lichtstrahl in dem manchmal trostlosen Alltag.

Adventskranz mit Alufolie Abb. Seite 19

Material: 1 Stroh- oder Styroporkranz, 25 cm ∅, 1 Rolle Alufolie, 8 weiße Baumkerzen, 40 cm Knetband, UHU extra, Silberspray.
Etwas Hortensie, etwas Hafer.

Anleitung: Der Kranz wird mit normaler Haushaltsalufolie umwickelt, die Enden werden mit UHU extra verklebt. Formen Sie mit Knetband 4 kleine Bällchen, die Sie auf den Kranz drücken. Darauf werden die Kerzen festgedrückt, und um die Kerzen herum wird nochmals ein kleiner Wulst Knetband gelegt. Da hinein stecken Sie nun hübsch angeordnet Hortensie und Hafer.

Moderner Adventskranz Abb. Seite 21
Moderne Kränze ohne viel Tannengrün finden immer mehr Liebhaber; sicher spielen praktische Überlegungen eine Rolle, solch ein Kranz hält garantiert vier Wochen, ohne zu nadeln. Die Herstellung ist ganz einfach, auch gerade für ungeübte Bastler.

Material: 1 Strohkranz, 30 cm ∅, 1 Rolle irisierende Folie, 4 weiße Kerzen, 8 m Schleifenband, 2 m Steckdraht, Knetband, Rosendraht, UHU extra.
4 Zypressenzweige.

Anleitung: Als erstes wird der Strohkranz mit der irisierenden Folie umwickelt und das Ende der Folie mit ein paar Tupfern UHU extra festgeklebt. Nun werden die Kerzen folgendermaßen angedrahtet: eine Kerze anzünden, Steckdraht in der Flamme erhitzen und das heiße Teil ca. 2 cm in die Kerze schieben. Unten an der Kerze sollten noch ca. 3 cm vom Draht herausschauen. In jeder Kerze befestigen Sie auf diese Weise zwei Drähte. Die so vorbereiteten Kerzen drücken Sie an der gewünschten Stelle des Adventskranzes fest auf. Legen Sie um die Kerzen einen kleinen Wulst Knetband und stecken in dieses Knetband die Zypressenzweige. Legen Sie jeweils 2 m Band zu einer Schleife und binden es mit Rosendraht. Drücken Sie die Schleifen unterhalb der Kerzen in den Knetwulst.

Adventskranz mit Statice und Salzteigröschen
Abb. 2. Umschlagseite

Material: 1 Hartschaumring, 25 cm ∅, 4 Kerzen, 4 m Band, Rosendraht, Steckdraht, Schere.
2 Bund Statice, 1 Bund rosa Röschen.

Anleitung: Schneiden Sie die Statice in ca. 5 cm lange Stücke und stecken sie schräg, die Richtung beibehaltend, in den Kranz. Dann werden rosa Röschen nach Belieben dazwischen gesteckt, ebenso die vorher angefertigten Salzteigröschen. Die Kerzen bereiten Sie, wie auf Seite 16 beschrieben, mit dem Steckdraht vor und befestigen sie auf dem Kranz. Bänderabschnitte legen Sie zu Schleifen, drahten diese mit Rosendraht an und stecken sie unterhalb der Kerze in den Kranz.
Tip: Fertige Salzteigröschen gibt es auch in Bastelgeschäften zu kaufen. Diese Röschen können auch selbst angefertigt werden.

Adventskranz für Kinder Abb. Seite 23
Dieser Kranz ist nicht nur für Kinder gedacht, er kann auch von Kindern nachgearbeitet werden. Hilfestellung sollte aber beim Andrahten der Kerzen gegeben werden.

Material: 1 Styropor®-Ring, 25 cm ∅, 4 Kerzen, 4 Schneemänner, 6 Glimmersterne, Engelshaar, Watteflocken, 6 m roter Tüllstoff, ca. 30 cm breit, 4 m weißes Tüllband, ca. 5 cm breit, Steckdraht, Rosendraht, Krampen, Knetband, UHU extra.

Anleitung: Das rote Tüllband wird lückenlos um den Styropor-Ring gewickelt und dessen Ende am unteren Teil des Kranzes mit Krampen befestigt. Als nächstes drückt man je zwei Steckdrähte, die in einer Kerzenflamme erhitzt wurden, in die Kerzen. Die so vorbereiteten Kerzen werden nun auf dem Kranz befestigt.
Alle anderen Dekorations-Teile werden mit UHU extra nach Belieben angeklebt.

Weihnachtspyramide
Abb. 2. Umschlagseite

Material: 1 Hartschaumpyramide, 30 cm hoch, 6 m schmales Schleifenband, Schere, Draht, Rosendraht, Goldspray.
1 Bund Nigella, Tannengrün.

Anleitung: Das Tannengrün (Himalaja-Zeder) schneiden Sie in kleine Stücke, ca. 10 cm lang. Die Pyramide wird von oben her besteckt. Besprühen Sie die Nigella mit Goldspray und ordnen sie nach Belieben auf der Pyramide an. Zum Schluß schmükken Sie die Pyramide hübsch mit den Schleifen aus.
So eine festlich geschmückte Weihnachtspyramide kann auch als Adventskalender benutzt werden. In diesem Fall drahten Sie 24 kleine Päckchen an und stecken sie einfach in die Pyramide.
Die Pyramide ist eine der nachweisbar ältesten Advents- und Weihnachtsdekorationen. Gedacht als Sinnbild des Paradieses, entspricht ihre Form dem Lebensbaum, deren Schmuck weitere Bedeutung hat.

Moderner Adventskranz Abb. Seite 25

Material: 1 weißer Weidenkranz, 30 cm ∅ (Hobbyfachhandel), 4 rote Kerzen, 6 cm ∅, verschiedene Dekorationsteile (Sterne, Glöckchen), 8 m rotes Band, ca. 2,5 cm breit, 8 m silberfarbenes Band, ca. 1,5 cm breit, 1 silberfarbene Schnur zum Aufhängen, 20 cm Knetband, Rosendraht, UHU Heißklebepatrone.

Anleitung: Auf die Unterseite der Kerzen wird ein ca. 2 cm großes Stück Knetband geklebt. Die so vorbereiteten Kerzen werden nun nach Vorstellung auf dem Weidenkranz verteilt und fest auf die gewünschte Stelle aufgedrückt. Die Bänder zur Schleife gelegt, mit Rosendraht festgewickelt, wurden mit der Heißklebepistole unterhalb der Kerze befestigt.
Tip: Möchten Sie einen Weidenkranz mit Kerzen dekorieren, sollten Sie zur Kerzenbefestigung immer Knetband verwenden. Mit Steckdraht vorbereitete Kerzen würden auf einem Weidenkranz keinen Halt finden.

Adventskranz mit Engelreigen
Abb. Seite 27

Material: 1 Strohkranz, 25 cm ∅, 4 Kerzen, 4 Engelchen, Ausstechförmchen, 8 m Silberband, 4 m blaues Band, 2 m Silberschnur, grüne Plakatfarbe Tamma, Silberspray, Rosendraht, Steckdraht, Krampen, Stecknadeln.

Anleitung: Den Strohkranz streichen Sie mit verdünnter, grüner Plakatfarbe Tamma an; nach dem Trocknen ganz fein mit Silberspray besprühen. Die Kerzen drahten Sie nach Anleitung auf Seite 16 an und drücken sie an den ausgewählten Stellen in den Kranz. Anschließend werden die Bänder zur Schleife gelegt, mit Rosendraht angedrahtet und unten an den Kerzen angebracht. Binden Sie den dünnen Silberfaden um die Ausstechförmchen, und stecken Sie das Ganze dann mit Krampen am Kranz fest.

Die Bänder zum Aufhängen des Kranzes werden folgendermaßen befestigt: Das eine Bandende ganz um den Kranz legen und am Band verknoten, auf der gegenüberliegenden Seite genau so handhaben. Damit das Band nicht verrutscht, kann man es noch mit Krampen am Kranz feststecken. Zum Schluß werden die Engelchen mit Stecknadeln auf dem Kranz befestigt.

Rustikaler Baum Abb. 4. Umschlagseite
Besonders wirkungsvoll ist so ein rustikaler Baum, wenn er vor der Haustür steht. Im Gegensatz zu kleinen Bäumchen braucht man eine sehr feste Steckbasis. Am besten ist es, wenn der Stamm eingegipst wird.

Material: 1 Hartschaumkugel, 30 cm ∅, 1 großer Übertopf, ca. 50 cm hoch, 5 m Schleifenband, 10 Strohherzen, 5 Goldglöckchen, 1 Beutel Modellgips.
Tannengrün, Stechpalme.

Anleitung: Gießen Sie den angerührten Gips in den Übertopf, und warten Sie, bis dieser etwas angezogen hat, dann setzen Sie den Stamm ein. Nach ca. einer Stunde kann weitergearbeitet werden. Die Hartschaumkugel wird auf den Stamm gedrückt. Nun wird mit dem Bestecken der Kugel begonnen. Am besten geht das, wenn man von unten nach oben arbeitet, so kann man mit der linken Hand die Kugel beim Einstecken des Materials etwas gegendrücken. Zuerst wird das Tannengrün in die Kugel gesteckt, anschließend werden die übrigen Zierteile eingearbeitet.

Türkranz aus Naturmaterial Abb. Seite 29
Richtig einladend wirken schöne Türkränze, welche vornehmlich zur Weihnachtszeit aufgehängt werden und so ein wenig Weihnachtsstimmung nach außen bringen. Diese schöne Sitte ist erst vor einigen Jahren aus dem Norden zu uns gekommen.

Material: 1 dünner Strohkranz, 25 cm ∅, 1,5 m Juteband, 1,5 m braunes Velourband, rote Äpfel, Heißklebepistole mit UHU Patronen, Wickeldraht.
Verschiedenes Tannengrün, Kiefernzapfen, Mandeln, vergoldete Nüsse.

Anleitung: Schneiden Sie das Tannengrün in ca. 10 cm lange Stücke, und binden Sie die verschiedenen Sorten abwechselnd auf die Strohunterlage. Ist der Kranz fast fertig, muß darauf geachtet werden, daß man am Ende etwas kürzere Zweige nimmt und unter den Anfang des Kranzes schiebt. Diese Verbindungsstelle wird mit einer hübsch gelegten Schleife dekoriert. Zum Schluß werden die Äpfel, Zapfen und Nüsse mit der Heißklebepistole eingeklebt.

C+M+B 86

Klassischer Adventskranz
Abb. 4. Umschlagseite

Material: 1 Strohrömer, ca. 40 cm ∅, 4 Kerzen, Steckdraht, UHU Heißklebepatrone. Kiefernzweige, Baumpilze, Goldnüsse.

Anleitung: Drücken Sie in jede Kerze drei erhitzte Steckdrähte, wie auf Seite 16 beschrieben. Die Kerzen stecken Sie oben auf den Kranz. Kiefernzweige, Pilze und vergoldete Nüsse werden mit der Klebepistole rund um die Kerzen festgeklebt.
Wenn Sie den Kranz mit Bändern ausstatten, kann er auch aufgehängt werden.

Eingepflanzter Weihnachtsbaum
Abb. Seite 31

Material: Kerzenhalter, Kerzen, ca. 10 m Schleifenband (pro Schleife ca. 50 cm), weiße Äpfel, ca. 2 cm ∅, Engelchen, Rosendraht, Schere.

Anleitung: Sicher hat jeder schon mal einen Weihnachtsbaum geschmückt. Dieser Baum ist etwas anders als üblich. Statt Kugeln wurden duftige Schleifen und kleine Engel verwendet. Bemalte Anhänger und weiße Äpfel, hübsch angeordnet, geben dem Baum den letzten Pfiff.

Basteln für Weihnachten

Eine Auswahl aus der Brunnen-Reihe